LIBRARY OF CONGRESS
SURPLUS
DUPLICATE

С отзывами, пожеланиями и вопросами
обращайтесь в M·Graphics Publishing:

www.mgraphics-publishing.com
info@mgraphics-publishing.com

Елена Катишонок

ПОРЯДОК СЛОВ

БОСТОН · 2009 · BOSTON

Елена Катишонок
Порядок слов. *Стихи*

Elena Katishonok
Poryadok Slov. Stikhi
(*Order of Words.* Poems)

Copyright © 2009 by E. Katishonok

All rights reserved. No part of this book may be reproduced or utilized in any form or by any means, electronic or mechanical, including photocopying, recording, or by any information storage and retrieval system, without the written permission of the Author and/or Publisher.

ISBN 978-1-934881-19-4
Library of Congress Control Number: 2009926576

Обложка Евгения Палагашвили
Cover Design by Eugene Palagashvili

Published by M·Graphics Publishing
info@mgraphics-publishing.com
www.mgraphics-publishing.com

Printed in the United States of America

Саше и Марусе

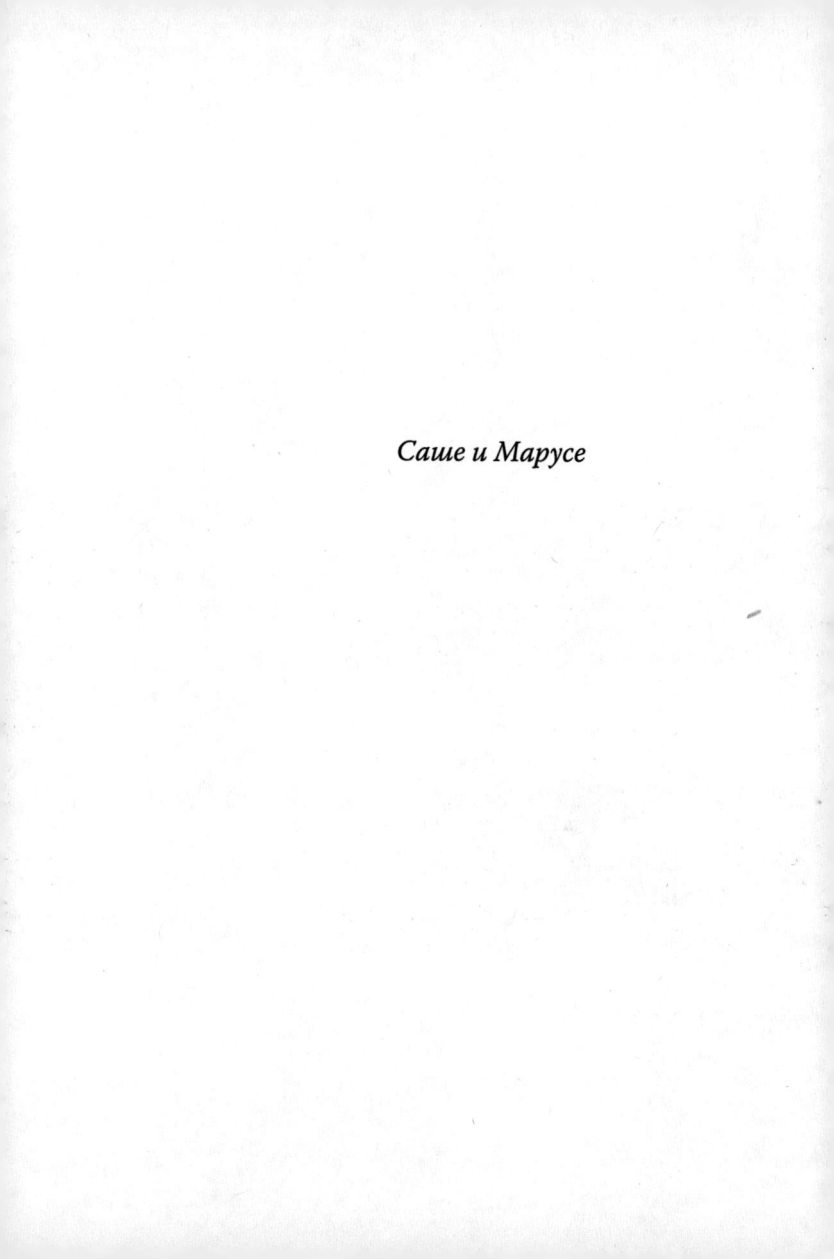

Благодарю Евгения Палагашвили, чей энтузиазм и любовь к моим стихам дали жизнь этой книге.

Автор

ПОРЯДОК СЛОВ

Всё сказано, написано и спето:
От слов любви до стариковских снов,
И главное занятие поэта —
Всего лишь поменять порядок слов.

* * *

Часы показывали два
Который час подряд.
Висят в безвременье слова
И громко говорят,
И спорят громко, а строка
Ложится за строкой,
И чья-то властная рука
Ведёт моей рукой.

РОДНАЯ РЕЧЬ

...Ты помнишь край, где колосилась рожь на сереньком картоне под named «Родная речь»? Тот самый край, где ложь мы ложками столовыми хлебали и где кормили нас канадскими хлебами, хоть на обложке колосилась рожь? Но до сих пор восторженная дрожь от этих «р» в словах: «родная речь», хоть нет давно страны СССР, хоть речь родную некому беречь. Ты помнишь край?.. Постой, не умирай, моя родная! Сильно изувечена, ты выживаешь силою извечною так, словно прямо из земли растёшь, как на обложке выгоревшей — рожь.

АННА АХМАТОВА

Обо мне ты вовсе не знала,
А писать давно подгоняла,
Когда что-то темно и вяло
Я кропала, наморщив лоб.
То иронией, то насмешкой
Торопила: скорей! Не мешкай!
Да эзоповым языком
Говорила, но в горле ком
От пронзительных строк в поэме
О раздавленной хризантеме
Под ногами несущих гроб —
Гроб с останками той эпохи,
От которой остались крохи:
Мемуарная ложь да вздохи
Тех, кто нёс её на погост.
Говорила: возня с укладкой
Никогда не проходит гладко;
Отираю глаза украдкой
И с колен встаю во весь рост.
Всё равно будут ночью сниться
Недочитанные страницы
Старых писем, и будет длиться
Пытка прошлым, пока окном
Новый день о себе объявит

И отбросит к трёхмерной яви,
Что, причуд Морфея корявей,
Притворяется новым сном.
Чашка падает и не бьётся;
Мышь, которой нету, скребётся,
Или нитка у бус порвётся
И на шее оставит след...
....

Данту — лавры, тебе — терновый...
Двадцать лет со своей обновой
Прожила, чтоб осталось Слово —
То, что было в начале лет.

На странице второго тома,
Сразу после начальных строк,
Плоским крылышком невесомым —
Хризантемы — той — лепесток.

* * *

Стихи всегда приходят ближе к ночи,
Разбавив сон, летучий и непрочный.
Куда-то подевался карандаш.
Биенье слов укладываешь в строчки,
И за тетрадку с лёгкостью отдашь
Полцарства или царство целиком —
Тем более что торговаться не с кем.
С каким-то суеверьем полудетским
Берёшь назад посулы. За окном —
Отёчный глаз притушенной луны,
Под ней фонарь, сочувственно-уныл.
По крыше Трубочист спешит к Пастушке,
Чудной горшочек ладит Свинопас;
Принцесса спит, и в замке свет потушен,
Лишь фрейлины во сне считают: «Раз...»
Стихи всегда толпятся ближе к ночи,
А по утрам неразличимы строчки,
Летящие по старому конверту,
Как пьяный мотоцикл летит к кювету.

СЮЖЕТ

Луна подтаяла, как шарик
Несъеденного крем-брюле.
По крыше ветер тихо шарит.
Марьяжит даму пик валет.

А дама, в розу пряча носик,
В ответ лепечет ерунду:
Мол, нынче кринолин не носят...
«Так что же?..» — «Через час в саду».

* * *

*Цурэну Правдивому,
незримому герою братьев Стругацких*

«Как лист увядший падает на душу»,
Цурэн не видел из-за темноты,
Где для поэта петлю вяжут туже,
А в лужу падают и листья, и листы.

* * *

Сон показывают кусками —
Часто рвётся старая плёнка.
Не подушка, а тёплый камень
Под щекою, и плач ребёнка
Из-за стенки тихо сочится.
Боль живёт под левой ключицей,
А во сне только снег и море.
Надо плыть до первого камня,
Чтобы сдать зачёт по истории.
Отчего такая тоска меня
Догнала, за плечо схватила?
Камень дразнится, уплывая;
Не догнать — кончаются силы...
За окном в снегу — мостовая,
Чтоб закрыть глаза — и во сне
Босиком ступить прямо в снег
И пройти легко, аки посуху,
Прямо по снегу,
Прямо по снегу.

СУДЬБА

1

Всё спутано и переплетено:
Спят ласточки в гнезде
               под зимней кровлей,
Поломанное спит веретено
С коричневым пятном
               засохшей крови.
А многоженец с синей бородой
Отныне толст, ленив и моногамен —
В болоте ищет ключик золотой
И кукол вешает на стенку
               вверх ногами.

2

Всё ясно и предопределено:
Смеются дети, солнце не погасло,
Преломлен хлеб, и налито вино,
Но Аннушка уже купила масло.

НА ПЛЯЖЕ

В мурашках от дождя, песок озяб
И ёжится, и жмётся ближе к дюнам,
Но дюны не поступятся ни дюймом;
Их бюсты не колышутся.
                        Скользя
По лепестку, уходит дождь.
                      Волна
Опять наметит контуры прилива;
Скорее деловито, чем игриво
Мазнёт по щиколотке и затем
                      — как встарь —
Оставит с пеной крохотный янтарь.

* * *

Что здесь было вначале? —
Мелкой волны курсив,
Над морем чайки кричали
И выпускали шасси.

Набегают строчки на строчки,
Ветер волны качает
И текст выносит — без точки —
За фигурные скобки чаек.

Берег, не бывший пляжем
Вечность тому назад,
Песок расстелил. Мы ляжем
И закроем глаза.

КАТУЛЛ

В Новой Англии ночь. Навалилась,
вздохнула, уснула. Тротуар остывает,
деревья шуршат ерунду. Тускнет лампа.
Из сонного Гая Катулла выпадает листок
календарный: «Я завтра приду».

* * *

Земную жизнь пройдя до половины,
Мы продолжаем жить — в чужой стране.
В своей судьбе — как в жизни — неповинны,
Бредём, а путь чем дальше, тем странней, —
Пока ещё способны к удивленью.
Хотя и непривычно нам, и ново,
На всё глядим очами Годунова,
Растерянность оправдывая ленью.
Политики решают наши судьбы,
А мы молчим, чтоб не гневились судьи.
Нам говорят, что снова злой чечен
Ползёт на берег, точит свой кинжал...
Где то дитя, что спросит: «А зачем?..»
Ребёнка нет;
   а взрослых только жаль —
Все смотрят в сторону.
    И, право, был ли мальчик?
Пусть на слуху Чечня, десант и Нальчик,
Народ безмолвствует.
Народ опять покорен.
Тот самый, что был вырезан под корень,
И тот, кто в землю врос —
     или был вбит —
       по горло...

Но как узнать, испуганно иль гордо
Народ безмолвствует?
                Или молчанье мудро,
А варево политики так мутно,
Что нас объединяет общий стыд
И мы молчим, чтоб не спросить: а ты?..
. . . .
Молчим, забыв, что бедного Иова
Господь лишил всего, оставив Слово...

ДВЕНАДЦАТЬ ЛЕТ

Марго, 12-летней девочке

Давай играть, что нам с тобой двенадцать
Мучительных и безмятежных лет.
Звонок далёк, как пенсия. Сознаться,
Что алгебра не сделана? Ответ
Всегда не сходится, в ответе (a + b).
Наперекор насмешнице-судьбе
Опять решать. А заглянуть к тебе —
Обильные развесистые дроби
Теснятся, как еврейская родня...
Ответ не сходится, и мы с тобою обе
Играем в рифмы, головы склоня
И набожно уставившись в учебник.
На промокашке остаётся след
Чернил, и нам с тобой двенадцать лет.

ОТВЕТНОЕ ПИСЬМО К БОЛЬНОМУ

Гаспарова читать и Мандельштама,
Гриппуя от неведомого штамма;
Стучит в окно корявый сук каштана...
Прости, мой друг, я не избегнул штампа.

Россия — на пути, чтоб кануть в Лету.
Позирует «Плэйбою» Лорелея.
Освободится, вероятно, к лету
И охмурит плэйбоя-дуралея.

Метафоры, как центы, сыпь в копилку:
Ведь до конца совсем не много строк —
Откупори шампанского бутылку
Иль перечти «Женитьбу Фигаро».

АМАЗОНКА

Чуть различимые слова
И очень внятная разлука:
Зимой рассохшегося лука
Оборванная тетива.

Костёр высокий развела,
Чтобы спалить колчан и стрелы,
Но отвернулась: не смотрела,
Как в жарком пламени горела
Её последняя стрела.

ПОСЛАНИЕ ВЕРГИЛИЮ

Посвящается Р. А.

Привет тебе, Вергилий! Отослал я моего Горация на воды: покой необходим ему и отдых, да чтобы тогу кто-то постирал. Ночную пилят тишину цикады. Постылый зной сочится, как цикута, и некогда остыть земле, как утро вновь небо раскаляет добела. Та, что розоперстою была, сожгла, должно быть, птиц — одни цикады (хоть мне понятней слово «саранча»). Усталый кондиционер, урча, прохладу льёт из жаркого тумана, и я не знаю, поздно или рано, уже или ещё — песок так влажен, что разбухает в талии часов, но по ночам ход времени не важен: ведь ночь без сна — удел цикад и сов.

А нам с тобою горсточка песка — богов подарок, шанс продлить мгновенье под саранчи зазубренное пенье. И мне противна Батюшкова спесь! — на циферблате нет отметки «вечность».

ЧЕТЫРНАДЦАТЬ СТРОК

Марго, моему Вергилию

На все вопросы, кто такой Вергилий,
Я отвечаю: это некто в тоге,
Наперсник, кореш — и моих вигилий
Участник. Это часть меня. В итоге
Мы прожили почти сто двадцать лет;
Презрел он тогу для ночной рубашки,
Но с лёгкостью напишет мне сонет
На рукаве — или на промокашке.
Мы глушим кофе, заглушая зависть:
Ведь нам отпущен очень малый срок,
Чтобы нелепых слов тугую завязь
Заставить веткой стать из новых строк

И чтоб к округлости сутулой новых цифр
Как медвежатники, мы подобрали шифр.

* * *

*Моей знакомой птице,
ещё не занесённой в Красную Книгу*

Здравствуй, Птица!
Все мы в клетке — изначально.
Сигаретный дым струится
Так печально,
Огибая по касательной
Твой профиль,
Ветку дерева в окне
И чашку с кофе.

Не пытайся и не рвись
Из этой клетки;
Улетают строчки ввысь —
Ведь прутья редки.

А другая птица — сердце —
В клетке тоже:
Прутья часты. Дверца
Заперта построже...

ОТРЕЧЕНИЕ

Сколько раз прокричал петух
На заре, тридцать раз или трижды?..
Луч рассветный давно потух,
Слово сказано. Но узришь ты
Ровный взгляд и спокойный лик —
Ведь опустит глаза едва ли
Иль губу прикусит на миг
Тот, кого не раз предавали.

* * *

Зима без снега —
               как печаль без слёз.
В застывшей луже —
               прикус двух колёс
По прихоти январского дантиста.
Метафоры иссякли. На стекле
Окна кот пишет лапою когтистой
Заветный вензель: *О* да *Е*.

СНЕГ

Так происходит лишь во сне:
Свет шёл не с неба,
Но с неба падал ровный снег,
А свет — от снега

На мир струился целый день,
Да день торопкий:
Скорее тёплый шарф надень,
Ступай по тропке

Между сугробов, чтоб застать
Свеченье снега...
Но серый сумрак, словно тать,
Сокрыл полнеба.

Хоть на часах всего лишь три,
Включили вечер.
Оранжевые фонари
Идут навстречу.

* * *

Подумать только, как немного надо
В полубезумной сутолоке дней:
Неяркая зажжённая лампада
И тихий лик, склонившийся над ней.

* * *

Е.П.

Время течёт между пальцами,
Словно пляжный песок,
А всё же в живых остались мы,
От смерти на волосок.

Как лёд на горячих ладонях,
Время тает, капают дни...
Пока капля каплю догонит,
Мы с тобой посидим одни.

Пространство и время сужены,
Но кто-то продлил нам срок.
Дай руку, мой милый, мой суженый,
Нам осталось несколько строк.

СИЕСТА В КАФЕ

Чашка бледно улыбалась
Отпечатком чьих-то губ;
Поцелуй застыл, расплавясь
На кофейном берегу.

Словно пара насекомых,
Ножки тонкие воздев,
Стулья спят в дневной истоме;
Чья-то кепка на гвозде.

Слышен моря пьяный лепет
В яркой сонной тишине...
Сигареты зябнет пепел
И мечтает об огне.

РАКУШКА

Вере

Беспамятная кукушка!
        Забудет — и ни ку-ку.
А где-то дремлет ракушка
        На солнечном берегу.
Ухо из перламутра
        Помнит Чюрлёниса фугу;
Лучшего репродуктора
        И не подаришь другу —
Фугу, как соль, морскую,
        Чистую соль минор;
Что ты, я не тоскую...
        Соль на ладони? — Сор
Ветер поднял на пляже.
        Слышишь, какой хорал?
Соль на щеке? — Но я же
        В руки ракушку брал...

* * *

Заканчивается февраль
Печальной жатвы.
Уходит куцый месяц-враль
С хвостом поджатым.

Как чай в столовке заводской,
Закат разжижен
И бледно-жёлтою тоской
Течёт по крыше

И гаснет вместе с февралём
В графите ночи,
Где мёрзнет голый серый клён —
Но в марте, впрочем.

МАРТ

Тогда был март, на этот март похожий.
Был март, но притворялся февралём.
Спилили во дворе огромный клён,
И он лежал, убит и обезножен,
Как на снегу начертанный углём.
Опилки пахли плахой.
                    Под дождём
Темнел, сутулясь, обнажённый пень,
Стыдясь, что не отбрасывает тень.

ТУМАН

Под мутной лупою тумана
Не видно берега реки;
И вместо школы в дверь шалмана
Вливаются ученики.
Палач берёт работу на дом,
К обедне душегуб спешит,
Оставив тёплый труп в парадном.
Изящно скроен, дурно сшит
Костюм пустой торчит в витрине,
Пока блуждает манекен
В тумане, голым телом синим
Скользя меж голых синих стен.
Потом уверенно и рано
На день легла такая мгла,
Что мир в испарине тумана
Родить и поглотить могла.

В ПОТЁМКАХ

А если заглянуть в потёмки
Родной, неведомой души
И крадучись разворошить
Заветный скарб на дне котомки?
Далёкие воспоминанья
Лежат нетронуты, как банки
С консервами. В мешке баранки —
Нет, сухари, сиречь мечтанья,
Которые мы все жевали
На безопаснейшем привале
От двадцати до тридцати,
Когда легко ещё идти;
Потом не тянется рука
За сухарём, и привкус горький
От тридцати до сорока
У хрупкой, глянцевитой корки...
Письмо, две карты из колоды
Да исхудавший календарь,
Которые, бывало, встарь
На кухне вешали у входа;
Погнутый ключ, часы и кость
Игральная. Прощайся, гость.
Ладонь вспотевшую разжав,
Мазнёшь по лезвию ножа.

САМОЛЁТНОЕ

Невыносима пауза прощанья:
Взгляд загнанный и влажная рука.
Я изучил науку расставанья,
Но провалил экзамен. С потолка
Я взял тогда решение задачи,
И вся судьба произошла иначе:
Вот я лечу из сумерек в рассвет,
А жизнь моя, как будто встречным рейсом,
По узким и травой заросшим рельсам
Летит во тьму: в один конец билет.

ОСЕННИЙ ЭТЮД №1

Пожелтели вязы и буки,
Учат школьники аз и буки,
А графитовая ворона
Глаз косит на пожар у клёна.
Только старые девы-ели
Жёлчной завистью зеленели
И внимали снова и снова,
Хоть и слышали слово в слово,
Шепелявый шёпот каштанов
О парижских кафешантанах.

СОНЕТ О ДОБРЕ И ЗЛЕ

Неуменье отличить добро от зла
И прямоту от лести беспардонной —
Великий князь посажен на осла,
Его рысак под грязною попоной.
Терновником дорога заросла,
Как будто к истине вела, а не на площадь,
И кто-то на помост ковёр постлал,
И в замершей толпе забилась лошадь.
Так тускло лезвие у топора,
Как облако, беременное градом...
Отрубят свет при выкрике «пора»,
И никого во тьме не будет рядом,
Чтобы понять, о зле или добре
Застыла мысль на пурпурном ковре.

ПОДРАЖАНИЕ ХАЙЯМУ

Летит ли камень в твой кувшин,
Кувшин ли падает на камень —
Итог, мой друг, всегда один:
Кувшин у ног лежит кусками.

ПОД КЛЁНАМИ

Хорошо в пять часов под клёнами,
Где от жёлтых листьев светло.
Между ветками, раскалёнными
Октябрём, синеет стекло,
Но прохладнее, чем в апреле.
Что-то суетное ушло.
Стрелки движутся еле-еле —
Время мешкает. В полумраке
Мы с тобой рассмотреть успели
На коре документ о браке:
«Ann + Bobby = ...» Дупло.
Расписались внизу собаки.
От багровых листьев тепло.
Правда, странно: деревья греют
Одинаково в разных странах,
Хоть и Bobby, и Ann стареют,
Как и мы с тобой... Постоянна
Симметрия корней и крон,
Рассекаемая экраном
Пожелтевшей травы. Ворон
Пожилая чета на крыше
Чистит перья. Земля тиха,
И строка становится тише
У смолкающего стиха.

ПЕЧАЛЬ-НОЯБРЬ

Пронзительное солнце в ноябре,
Колтун из листьев катится, пыля.
Заплакать — и достать чернил скорей,
Но то — прерогатива февраля.

Безликой прозы суетная хлябь,
Ненужных строк докучная волна —
Печаль моя по имени Ноябрь;
Весь день твержу: печаль моя жирна.

ВОРОН

«Ворон к ворону летит...»
/А. С. Пушкин/

Не летит больше ворон к ворону —
Ворон ворону люпус эст;
На суку сидит, смотрит в сторону:
Глаз не выклюет — просто съест.

ОДУВАНЧИК

Лейтенантик
Метит — в полковники,
Одуванчик
Грезит — в подсолнухи;
Время к старости
Да на пенсию:
Сединой подёрнешься,
Плесенью.

Знать, судьба тебе —
Подзаборником,
Не подсолнухом,
Не полковником, —
Под высоким солнцем
Пускать ростки:
Хоть на три строки,
Хоть на две строки...

ОСЕННИЙ ЭТЮД №13

Среда, тринадцатое, осень,
И воздух сух.
Качаясь, в небе пишет «8»
Кленовый сук,
Последний лист стряхнувший с веток
В урочный час
Так, чтобы стало больше света,
А день погас.

* * *

Помнишь, листья неслись в потоке
И журавль стоял на камне?
Улетел давно... Эти строки
Я вдогонку пишу. Рука мне
Изменила: на снимке камень
И нога — журавля ли, цапли?
Из машины, в лиловой шали,
Вышла дама; под каблуками
Листья ёжились и шуршали.
С водопада летели капли;
Скверный кофе в кафе напротив
Обжигал; мы сахар мешали
Долго-долго. На повороте —
Сквер, скамейки; листья шуршали
И бесшумно падали в воду.
Журавля — или цапли? — не было;
Мокрый камень лежал тюленем.
Журавлю полагается — в небо,
Долго ждать неудачников лень им.
Помнишь, как по траве кругами
Бегал пёс — ярко-рыжий, тощий?

Шелестела листва под ногами
Цвета пса...
     Помнишь листья в роще,
Где живут в октябре Жар-птицы
Цвета листьев, летящих листьев... —
Помнишь?..

* * *

Дождик тикал виновато
За насупленным окном,
Растекался полосатым
Жёлто-серым полотном.

На будильнике четыре.
Парка еле тянет нить, —
То ль повеситься в сортире,
То ли кофточку скроить.

ПОРТРЕТ

Непонятно, апрель иль ноябрь —
Небо пыльное, ветра свист,
И на ветке сухой, покарябанной
Бьётся ржавый, забытый лист.

Вянут губы, веки одрябли,
В чёлке ржавчина — или хна?
Не апрель, не апрель — ноябрь,
Желтизна, седина, хана.

НА ВЫХОД КНИГИ

Она пришла. Чего же боле?
Легла в дрожащую ладонь.
И сердце глупое от боли
Не лопнуло. Тихонько тронь
Рукою гладкую обложку,
Ещё чуть-чуть повремени,
Не открывай! Потом немножко
Обложки край приподними,
Скажи заветное: «Сезам...»
И просто — верь своим глазам.

Из цикла

ПИСЬМА К ГОРАЦИЮ

МЕЖДУРЕЧЬЕ

Я не писал давно тебе, Гораций.
Ты сердишься? Но в той цивилизации
(а не в стране), где я теперь живу,
Нечасто происходят déjà vu...
Трава и воробьи — совсем как те,
Но у котов туземных нет когтей
И в области хвоста недокомплект,
Равно как у их лающих коллег,
Зато и лают мало.
              Как там мама?
Ты ей приносишь свежие цветы?
Спасибо, милый. Если бы не ты,
То впору крест на кладбище поставить,
Прости за каламбур. Да и она ведь
Меня простила б...
                 Дивная страна!
Жестоковыйные — как прежде,
              в междуречье,
Но о своем не ведают увечье,
И слово «волапюк» им не знакомо:
Живут себе, как раньше жили дома,
Но только в неметрической системе.
Длину привычно измеряют в инчах
(за это я б судил в системе Линча),
А паунд — святая единица веса...
Почем «паунд» лиха, именем Зевеса?!

Таинственные пишут «эпликэйшн»,
Но чтут — как раньше, там — своих старейшин,
А чтоб удобней чтить, их селят вместе
В одном большом, едой пропахшем месте,
Которое зовется «норсинг хоум».
Приедешь — я свожу тебя на холм,
Откуда виден город сквозь туман.
Мы встретим много их, идущих нам
Наперерез, навстречу, — по глазам
Жестоковыйного узнаешь ты, Гораций,
Да по печати рабства на челе.
От желчи собственной я даже захмелел,
Словно отведал горечи Фалерна.
Ты думаешь, не прав я? Да, наверно...
Пора прощаться. Строго говоря,
Мне нечего добавить, кроме vale, —

Метрополис, седьмое мартобря.

NOTA BENE

Поверь мне, что любое совпаденье
Имён, событий, дат et cetera —
Всего лишь опечатка,
                        как перчатка
Не с той руки. Под кончиком пера
Иль прямо на экране монитора
Такое возникает море вздора,
Что и не снилось вашим мудрецам,
И не приснится, милый мой Гораций.
Поэтому ты можешь не стараться
Распутывать ассоциаций вязь,
Чтобы найти таинственную связь
Событий-дат-имён того, кто с кем.
Ведь если в голове стихи роятся,
То это значит, что душа в тоске,
Не более. Такое мудрецам
Мы не доверим; я зову тебя «Гораций»,
Но кто ты, я уже не помню сам.

ПОЛНОЧНОЕ

Сегодня хватит стансов, мой Гораций,
а поутру я б начал с танцев, чтобы нежных
граций прибавилось как минимум на две.
Зачем, мой друг, косишься ты на дверь?
Ведь мы с тобой ещё не танцевали и вряд ли
потанцуем уж теперь, а жаль: есть в танго
магия полёта, паденья и власть руки, объятья
страх и жажда, поворот и — твоей щеки
касанье в полуобмороке звуков и каблуков;
касание мощней, чем обладанье, но хватит
слов о том, как мы с тобой не танцевали...
Рояль закрыт, уложен саксофон, и полночь —
утоли моя печали — станцует сон.

ПИСЬМО ВО ВРЕМЯ ДОЖДЯ

Дождь и гроза, и серое стекло
Кривыми струйками заволокло;
Ты помнишь ли, насколько хороша
Тёмная звериная душа?
А коль забыл, то зверя позови —
И он придёт, но если изнутри,
То не завидую тебе я, друг Гораций;
Извне бы лучше... Вот под шум акаций
К тебе в квартиру входит Бегемот.
Возможно, он — галлюцинаций плод,
А может, воплощенье Сатаны —
Ведь в свиту входит... Впрочем, там равны
И падший ангел, и ещё один —
Может, палач, а может, паладин
Его, того же... Что же ты один?
Зачем к тебе нейдёт твоя подруга?
Обидел чем? Или другого круга?
Но, может быть, ей тоже одиноко?
(Нам не унять небесного потока).
Ей пусто в одиночестве; так что же
Ты здесь один? Ведь это не похоже
Так на любовь, как не похожа страсть
                                     на страх,
Как завтра не похоже на вчера.

Сидишь, отрезан от своей любви...
Губами имя милой назови:
Оно — любовь. Толпятся кров и кровь
Составить рифму; триединство слов —
Загадка, тайна; и не нам с тобой решить:
Не делится.
               В остатке слово: жить.
Не верится?..

PLUSQUAMPERFECTUM

Я будущего времени глагола боюсь, как чукча лазера. Давно, на языке божественном глагола, кручусь я в настоящем — как в кино, когда впотьмах сидишь в казённом кресле и жизнь чужую бдительно живёшь, своей наскучив; ведая заране, что всё, что происходит на экране, отнюдь не в настоящем, а в плюсквамперфектум (хорошо бы к нам слегка от вас перфектума прибавить, лениво думаешь); и спинка кресла давит; встаёшь и, тычась то ли в стулья, то ли в пятки, с людским отливом к выходу плывёшь, чужую жизнь оставив без оглядки, как тот очаг, что на куске холста пылал вот так же пламенем карминным, но не согрел бедняжку Буратино. Как скучно, друг Гораций, мне в настоящем! Если бы прокрасться назад, туда, в плюсквам-, но минус к нам... Не думай, я не пьян и не болван, но мне уютно нынче только в прошлом, как в плюшевом фотоальбоме пошлом, где ворс обложки выцвел, запылился, где дядюшка, смеясь, остановился, уставившись на левую страницу — страницу, где остались только лица, а имена, которые храниться должны бы в памяти... Но память изменяет, как моряку жена, хотя должна блюсти бы верность... Да кому нужна та память, что всегда тебе верна? Ведь булка пухлая воспоминаний нужна, чтоб выковыривать изюм привычного и сладкого: мечтаний стать доктором и докторский костюм, из наволочки сделанный умело, и тапочки, надраенные мелом; трамвай с кондуктором, и шиндер на кобыле; медведь, машинкой стриженный под нуль, как новобранец; и портрет Кармен на мыле и пудре маминой, флакон зелёный с «Шипром», бутылка портера, открывшаяся с шипом, и обещанье мамы: «Я приду, как только ляжешь спать, к тебе опять». Она не приходила. Но не ждать её я не умел — и потому всего, что в будущем, боюсь и не люблю, хоть слово «мама» в прошлом. Я ловлю себя на том, как осторожно строю фразу и достаю из кипы слов не сразу глагол, чтобы не сжечь сердца людей, что ждут надежды, времени подвластной лишь будущему. Белые одежды мы обретём едва ль, ведь мы Е2–Е4, как пешки, жизнь по клеточкам ходили, а если б нам от них — слегка перфектум... Прими поклон мой, прошлое, — с решпектом.

НОЧНОЕ ПИСЬМО

Ты спишь, Гораций? Мне ещё не спится.
Час третьей стражи — или третий час?
Веретено у Парок или спицы? На чём
распят судьбы моей пасьянс? Вот тут
петля спустилась. Где-то нитка запуталась,
свернулась, как улитка; а там дыра зияет на
судьбе, но выглядит подобием узора, который
даже нравится тебе, однако мне недостаёт
простора в плетёном паутинном полотне:
здесь слишком много швов, соединений,
крест-накрест, вкривь и вкось переплетений,
а вот заплатка!.. Нитка стала гладкой, а
факел тусклым. Парки в полутьме бормочут
что-то и прядут — иль вяжут — мою судьбу,
и хлопья чёрной сажи летят на тоненький
моточек пряжи...
Уже подходит час четвёртой стражи.

ПИСЬМО О ГОРОДЕ

Гораций, salve!
           Твой знакомый лжив,
Который уверял, что я...
                     Я жив.
Я жив, и я с повинной головой,
Хоть не могу сказать, что я живой.
Ты сам когда-то звал меня софистом;
Мои софизмы лопнули со свистом,
Как...
     Впрочем, я отвлёкся. Так давно
Я не писал, что высохли чернила.
Порывом ветра склянку уронило.
Я вздрогнул и очнулся. Что со мной?
Мой город по ночам меня тревожит,
Хоть от него осталось только имя;
Во сне он тише выглядит и строже
И манит улицами старыми своими.
Пойдём от монумента? — В полный рост
Стоит под душем позднего заката.
Ты помнишь, как с тобою мы когда-то
Поспорили: он смотрит на норд-ост
Или, как горячился ты, на запад?
Но в памяти остался только запах
Нагретого асфальта и травы,
И лебеди на берегу канала,
И профиль лебединой головы

Под мостиком, согнувшимся устало.
Теперь бульвар. Он так перелицован,
Чтоб новое явить своё лицо вам —
И нам с тобой, — что стал почти чужим.
Ты мне кричал: «Бежим скорей, бежим!
Держи норд-ост, подошвы не жалей!»
О, бег во сне! — бег курицы в желе,
Где жизнь и рок висят на волоске —
Точнее, на оборванном шнурке.
Ты прав: на запад смотрит монумент,
Потупив утомлённо тёмный взор.
Хотя быть нелюбимым не позор,
Там не предвидится, похоже, перемен...
Но я упрям, и я держу норд-ост.
Мой путь во сне великолепно прост:
Вниз по бульвару, в порт...

                    Но прежде к парку,
Свернём направо. Впереди, под аркой,
Фонарь зажжён был и сиял так ярко,
Как мальчик в ожидании подарка
На ёлку. Помню я, таким был ты...
Ворота. Сумрак. Ржавые болты...
А где же парк? Постой, Гораций: арка,
По-моему, не та?..

                    Да и фонарь,
Похоже, в позапрошлую эпоху

Горел последний раз.
                    Кому-то плохо,
Мой милый: или городу, иль мне:
Я узнаю не камни, а камней
Следы на той земле, где были камни.
Нет никого на улицах, и ставни
Закрыты наглухо.
                  Давай вернёмся к арке,
Пройдём под ней и в нашем старом парке
Окажемся, — ведь мы идём норд-ост?
...Фонарь ослеп.
             За аркою — погост.

Мой город по ночам меня тревожит,
Бормочет, будоражит, ворожит
Заклятьями, невнятными до дрожи,
Мой сон неверный сторожит.

P.S. Пиши, мой друг, я жив.

* * *

Жизнь коротка, Гораций, и банальна,
Как эта фраза. Помнишь, в платье бальном
Кружилась девочка — Наташа ли Ростова,
Офелия иль звания простого,
Но в бальном, удивительном наряде?
Кружилась одного круженья ради,
Без кавалера, и следя за тенью шлейфа,
Прислушивалась: где-то пела флейта
(Хоть «шлейф» и «флейта» не рифмуются,
                                    мой друг).

Она не разнимала нежных рук
И в зеркало через плечо глядела.
Была ли девочка? Ты хмуришься; не дело
Плодить на лбу морщины перед сном...
Забыл я имя. Помню, что весной...
Запомнилась мне веточка сирени,
Ключицы тонкие и нежные колени,
Что обгоняли платья лёгкий шёлк.
Когда бы я то зеркало нашёл,
В котором сохранилась тень от тени,
Хоть не осталось запаха сирени,
Я б доказал, что девочка — была,
Пусть даже стала тень почти бела
Иль выцвела от времени. Но имя?..

Клянусь, Гораций, письмами твоими,
Забыл я имя. Жизнь коротка,
Как не был длинным шлейф.
                        Пиши!
                            Л.К.

* * *

Опять, мой друг, одолевают ямбы. Писать бы надо проще, без затей, а если выбирать, то выбрал я бы гекзаметр, к примеру. Захотеть — и написать другую «Илиаду»! Потом ослепнуть (лучше бы не надо...); иль что-нибудь ещё — про муки ада, как Дант великий, но — другим размером. Нет, не дано ни Дантом, ни Гомером мне стать, не описать душевный ад, ни сложные разборки древних греков — пусть психоаналитик, раскумекав, воскликнет: о! подавлено либидо! (кто подавил его? умолкни, гнида). О, как я ненавижу это племя: купоны стричь на слабости людской, сидеть, в уме считая деньги, то бишь время, кивать часам, чертить в блокноте рожи, скучать, зевая — крепко сводит скулы! «Расслабьтесь, на других Вы не похожи..» — суметь при этом не упасть со стула. Обойма фраз стекольной мастерской, не более. Прости, мой друг Гораций: увлёкся я. Но если разобраться, то нашим миром правит увлеченье и боль, оно ж — влеченье. Бурное теченье возьми вдогонку и не обессудь: коль рифму положил к себе в котомку, обуйся в ямб — и отправляйся в путь! Опять, мой друг, одолевают ямбы...

ПИСЬМО О ВОСЬМОМ СМЕРТНОМ ГРЕХЕ

На улице так тихо и так снежно,
Что, право, грех эпистолу небрежно
К единственному другу начинать...
Привет тебе!
              У вас в разгаре осень —
Шуршит листва, а в небе журавли
Стремят на юг... Я осенью несносен:
Ещё сильней нога моя болит.
Горацио, ты помнишь, я когда-то
Не дописал учёного трактата?
Я должен был представить труд на тему:
«Семь смертных человеческих грехов»,
А я как раз заканчивал поэму,
И в голове моей, кроме стихов
И той — ты помнишь? — девочки с
                            сиренью,
Иного не было... Но ведь стихотворенью
Так много нужно времени и сил,
А сколько я стихов в себе носил!
Потом камин топил стихами теми —
И так вернулся к позабытой теме,
Хотя предмет мне был не интересен,
Тем более что, кроме пьес и песен,
Я мало что в те годы сочинял.

Но мой трактат я честно начинал
Писать раз шесть, да что-то всё мешало:
Починка дома иль сезон дождей,
Когда опять вгрызалось боли жало
И на ногу припарку из дрожжей
Прикладывали ночью мне, а толку?!
Свой манускрипт отправил я на полку,
Где он пылился тихо, чтоб спустя
Семь лет я вдруг решил поведать людям
Про смертный грех восьмой —
                    про Словоблудье,
Гордыни с Похотью любимое дитя.
Мой ментор вряд ли станет возражать,
Что может смертный грех другой рождать...
Потратил не один, Гораций, день я,
Чтоб сделать вывод после наблюденья:
Ребёнок был резов, но очень мил;
Не сквернословил, взрослым не хамил,
Был аккуратен, помыслами чист,
Но языком порочен и речист,
Как мать с отцом. Менялам и поэтам,
Политикам, купцам и мудрецам
Игру в слова подсунул он. Поэтому
Я перебрал архив мой, без конца
Выискивая пьесы и стихи,
Которые грешили словоблудьем,

Забыв другие смертные грехи,
За кои все наказаны мы будем.
Куда девалась прежняя хандра?
Я три поэмы в клочья изодрал —
Туда им и дорога... А в трактате
Поставил скоро точку я — и кстати:
Когда над всем довлеет властный рок,
Кто ведает, какой отпущен срок
От рук кормилицы нам — до
                    ладьи Харона?
...Жаль, ты не видишь: чёрная ворона
Прошла, оставив строчку на снегу,
Без словоблудья... Мне так не дано
Воспеть любовь иль море, иль вино.
Я пробовал — и понял: не могу;
А птица, вишь, сумела...
                          Целый час
Пишу тебе, а просьбы не сказал.
Я о трактате вспомнил не случайно:
Всего, что я писал, стыжусь отчаянно
И, кабы мог, в мешок бы увязал
Все письма, а мешок тот — прямо в воду.
Но, чем губить невинную природу,
Не лучше ль бросить рыжему бандиту,
Что в очаге с утра гудит сердито?

Хотя, я слышал, люди говорят,
Что рукописи вроде не горят.
Ну, как же, не горят они... Ха-ха!
Те не горят, в которых нет греха
Восьмого... А мои к тебе стихи
Оборотятся горсточкой трухи
Без запаха, без цвета и без веса
И по миру рассеются безвестно.
Гораций, сделай это за меня!
Не раз меня ты прежде заменял
И руку помощи протягивал поэту...
Сожги мои эпистолы!
                    — И эту.

Из цикла

ГОРОДУ

* * *

1

Время меняет лица,
Но оставляет лики,
А ветер уносит листья,
Как убийца улики.
Где-то остался город...
Даже не город — град,
Элегантный и гордый,
Город-аристократ.
Шведским камнем
                 подкованный,
Город пел — после шёпота.
Мостильщики спят
                под кронами;
Сколько их было?
                   — Сколько-то...
...Камень недавно выворочен,
Стали немыми стогна
Града, и город выпучил
И распахнул все окна.
Кто? Почему? За что же?!
Блики от окон — ввысь.
Запомни это, прохожий!
Прохожий, остановись!

Помнишь, было иначе? —
Пепел Клааса стучит...
Аристократ не плачет —
Аристократ молчит.
Молчит и сильней сутулится,
А я вспоминаю с трудом
Мой адрес: пропавшая улица
И с нею исчезнувший дом.

* * *

2

Тот город был аристократ,
А этот взяли напрокат,
Как ночь в отеле,
И, несмотря на листопад,
Он мне пришёлся невпопад...
На самом деле
Отель ни в чём не виноват,
Что постоялец сам не рад:
Сидит в постели
И, ничего не говоря,
Кому-то пишет, только зря...
Летят недели,
Как лепестки календаря,
И в середине мартобря,
Под вой метели
Приснится город дорогой —
Неузнаваемый, другой,
Родные лица,
Чтоб на казённой белизне —
Отельной жёсткой простыне
Слезой пролиться.

ПРИМЕТЫ

Шведский камень, тягучая речь,
Запах моря, берег реки.
А по имени страшно наречь:
Все равно, что заклятье тоски
Оживить, лишь озвучишь гортань.
Голос чаек брезгливо-гортан.
Черепица старинных домов —
Как чепцы у почтеннейших вдов.
От костёла к реке — фонари
Зажжены, но один не горит,
И блестят следы от колёс...

То мой город, знакомый до слёз.

ТРОЯ

...Агония Лаокоона
Тянулась долго, словно звуком «о»
Растянутое имя, словно локон
Несчастного жреца, но никого
Поблизости с наточенным мечом.
Победою пьяна, ликует Троя,
И не заботит Трою нипочём,
Что пьют последний воздух эти трое —
Пророк и сыновья Лаокоона,
Не знавшие ни брани, ни жены.
Как море, глубина небес бездонна,
Но вниз не глянет братец Посейдона,
Где в ужасе на брата смотрит брат:
Им смертной матерью даровано дыханье,
Что Феб бессмертный жаждет отобрать.
Над городом летит последний стон:
«Даров данайских бойся, Илион,
Мой город!..» Но по воле злого рока
Никто не внял вещанию пророка,
Как водится в отечестве своём.
....

«Война окончена! Споём, друзья, споём!»
Как небо, моря глубина бездонна,
И волны лижут след Лаокоона.

Из цикла

ДОМУ

ДОМ, КОТОРЫЙ ПОСТРОИЛ ТЫ

Вот дом, который построил Джек,
Билл или Том, но давно уже.
И я давно живу в этом доме,
Совсем не помня о Джеке и Томе.
Стоит мой дом у самого озера.
Хоть и ноябрь, но не приморозило,
Ветки кустов и деревьев голы.
Дом стоит здесь долгие годы.
Может, сам по себе он вырос?
Двор завёл просторный, на вырост;
Справа — только решётка мостика,
Берег, камни — всё очень простенько.
Нет ни коровы, ни пастуха.
Воздух замер, вода тиха.
Нет пшеницы и нет синицы...
Может, домик мне только снится?
Может, Джек совсем ни при чём?
Я открою своим ключом:
Вот он, звякает на колечке;
Посидим с тобой на крылечке.
Под подошвами шорох листьев,
На стекле паутина виснет.

Переступим через порог,
Согревайся: ты весь продрог.
...У камина — детишки Тома
Или Джека, хозяина дома;
А быть может, семейство Билла —
Перепутала или забыла,
А ведь думала — ни при чём...
Я открою своим ключом
Тот, застывший на глади озера
(Хорошо, что не приморозило)
Настоящий мой белый дом
Под стеклом, как под тонким льдом.

* * *

Вот камин затоплю, буду пить...
/И.А. Бунин/

Нет ни печки, ни даже камина,
Чтоб дровами кормить и топить.
Если veritas всё же in vino,
Мне достанет глоток пригубить.

Душу в плед не укрыть от озноба,
И в уюте заморской избы
Остаётся без спешки и злобы
Только времени бремя избыть.

* * *

Пожала безразличными плечами,
Пальто коснулась — и стоять осталась.
Покой, остывший кофе и молчанье.
«Садись, хозяйкой будь», —
                шепнула старость.

В ОКНЕ

От зноя изнывает двор.
Не ад, но всё же репетиция.
И первый светский разговор
Не о погоде, а — «...напиться бы
Воды со льдом». Затем — погода:
Как славно было в январе,
А лето тянется полгода...
Кивок, прощанье.
                    Во дворе
Рододендрон — и тот поник,
Уже на полпути в покойники,
И кот, как зимний воротник,
Лежит на тёплом подоконнике.

* * *

Хорошо сидеть у камелька,
Чтоб огонь искрился и мелькал,
А когда погаснет камелёк
И мигнёт закатный уголёк,
Брось ему свои черновики —
Рыжие проснутся червяки,
Изглодают строчки дочерна,
Даже ту, что вовсе не дурна...

НОЧЬ

Ночь, как бабушкин халат,
Греет плечи и колени.
На стене столпились тени
И испуганно дрожат.

В зеркалах сидят девчонки:
Сжаты плечи, сжаты губы.
Чёрным глазом друг на друга
Две девчонки смотрят волком.

Проходя, заржал трамвай
За окном обледенелым.
Вдруг рукой окоченелой
Ночь толкает в бок: «Вставай!»

Одурманен мозг больной,
Кофе вылился на скатерть,
И соседские объятья
Раздаются за стеной.

* * *

Целый век прожила не свой
И чужого мужа вдовой,

Всеми проклятой. Потому
Оказалась в чужом дому —

По злобе или ворожбе —
В незнакомой чёрной избе,

Где чужая видна страна
Через мутные два окна,

Где в источнике нет воды,
Налитые горчат плоды,

Колыбель грустит о ребёнке
В позаброшенной той избёнке,

Печь дымит, и сбежал домовой,
Перепуганный, сам не свой.

* * *

Хорошо, что полутемно,
Полупусто и полутяжко,
И осеннее полуокно,
И кофейная получашка.
Полудрёма-полупечаль,
Откровенность сумаполусшествия.
Это — полупогасла свеча:
Полувздор, полупроисшествие.

* * *

Читатель скажет, что мой стих
Не очень внятен,
И на полях оставит штрих
Да пару пятен
От пальцев, жирных после пиццы
Или поп-корна...
Так что ж, прикажете напиться? —
Слуга покорный.

За тёмной шторой вьётся снег
И воет ветер.
Метель безумствует в окне.
В туманном свете
Хоронят бесы домового
И слёзы льют...
Найдётся ли вернее слово
Про мой уют?

ВОРОБЕЙ

Не жильё, а жилплощадь —
От родин до седин.
Ливень стёкла полощет.
Под карнизом один
Воробей,
Насторожен
И насуплен, как ёж;
На кого-то похож он,
А кого — не поймёшь.
Хоть убей,
Не поймёшь,
На кого он похож.

Из цикла

КОГДА УХОДИТ ЧЕЛОВЕК

* * *

Время слова уносит,
Как ветер уносит листья.
Цыбик чаю не спросят
Те, чьи забыты лица.
Не в магазине — в «лавке»
Чай они покупали;
Сгинули в жизненной давке,
Жили-были... пропали.

ОТМИРАНИЕ

Человек отмирает задолго до дня своей смерти: отмирает от долга, от любви и от писем в конверте, что годами хранил он в коробке цветной от печенья. Отмирает от книг, от вина и еды, от общенья с теми, как их... друзьями. Он их телефон набирает, говорит и смеётся, но знает, что сам отмирает, отмирает от мира сего — от всего до сегодня.. Остаётся ему одиночество — старая сводня между миром и «от», отмиранием и умираньем, и само умирание больше не кажется ранним: календарь перелистан; без вещей на уход — вам пора. Так задолго до смерти своей человек отмира...

НОЧНОЕ КУПЕ

Памяти Ю.Л.

Как в театре кабуки, под колёс перестуки
тень догоняет тень. Ночь убегает. День ей
наступает на пятки. Тени играют в прятки,
пялится сонный фонарь. Улица, ночь, аптека
из погребённого века ночью купе тревожат.
Улицы нет; похоже, просто чужой вокзал.
Помнишь, кто-то сказал, что время Анны
Карениной часами вокзала отмерено?
Все мы немножко Анны... Но согласись,
что странно здесь, в глубине Богемии,
думать об Анне Карениной?.. Тень качается
мерно. Поговорим о времени? Я ведь с
мятежной Анной тоже встречусь, но рано
мне туда торопиться. Мы встретимся под
каштаном — иль что там растет у Стикса?
Кипарисы? Оливы? Бравые лавры вряд
ли. Ты опиши обряд мне: что и в каком
порядке. Главпочтамт, до востре... Знаешь,
куда острей чувствуешь боль утраты, если не
знать, когда ты ступишь под тень каштана —
осенью или в мае. Только не пей из Стикса
(лучше уж — из копытца): если тебя не

узнаю, поздно будет молиться. Встретимся под каштаном — чокнемся той водой. Не удивляйся, что рано я стала совсем седой. Тени плывут все медленней, вот сын свою мать узнал; а света там не бывает...

Утро. Купе. Вокзал.

* * *

Такое стойкое отчаянье,
Какого не бывает горя.
Пора, наверное, отчаливать
В ладье Хароновой, не споря
С кривой судьбою, нищетой,
С капризной, малокровной музой,
Что вдруг становится обузой,
Хоть бушевала ещё той —
Прелестницей, вакханкой, нимфой,
То хохоча, то уходя,
Шутя одаривала рифмой...

Смеркается. И ждёт ладья.

* * *

День прозрачный, словно призрак:
Так прощается апрель.
Смотрит с грустной укоризной
Мой усталый менестрель:

«Не грусти и слёз не лей ты:
Нот запомнить не успев,
Оставляю тебе флейты
Переливчатый напев.

Оставляю тебе небо
В свежих трещинах ветвей.
Хоть глазком увидеть мне бы
Прилетевших журавлей!

Прилетят к исходу мая,
Юг на север променяв.
Ухожу я, понимая:
Ты расскажешь про меня».

* * *

Е.П.

«Почему ты в тетрадке
Пишешь наискосок?»
«Чтобы из длинных краткими
Сделать цепочки слов».
Ложатся косые строки
В строфы, строка к строке...

Мы наши земные сроки
Отбудем рука в руке.

* * *

Когда я буду далеко,
Возьми мои ключи,
Налей Моэта иль Клико;
Не зажигай свечи.

Я не хочу, чтоб ты скучал
Один, и потому
Едва ль отыщется свеча
В моём пустом дому.

Напрасно времени не трать —
Налей второй бокал;
А эту чёрную тетрадь
Ты быстро отыскал.

И не грусти: я за рекой;
Мне просто и легко.
А до реки — подать рукой,
Но здесь не пьют Клико.

* * *

Д. Ш.

Стучит молоточек по темечку,
По березничку, ельничку;
Мартом зовется времечко,
Весной прорастает семечко,
Склоняется с наращением:
У кого-то — на вымени,
У другого — на темени.
Склянку на склянку выменяй,
Поторгуйся о времени.
Помнишь магию имени?
Пусть Голиаф — у стремени!
Милый, по-
       вре-
            ме-
                ни...

* * *

Когда уходит человек
На час иль навсегда,
Горит невыключенный свет
И капает вода,
Хоть он закрыл на кухне кран
И снял ключи с гвоздя,
В холодный сумрачный туман
Поспешно уходя.

В тумане скрылся человек,
Ушёл он налегке,
Но след остался на траве,
Перчатка на песке,
А дома — недопитый чай
И сигаретный дым…
Ушёл на день или на час —
Назад пришёл седым.

* * *

Г. В.

Сантименты не в моде,
Но останется внуку
Лишь перчатка в комоде,
Позабывшая руку,
И перо золотое
С чёрной высохшей плёнкой,
Что, пожалуй, не стоит
Давать в руки ребёнку;
На серебряной ложке
Завиток монограммы,
А в картонной обложке —
Пожелтевшие гаммы;
Да флакончик, с духами
Бывший накоротке,
Да блокнот со стихами
На чужом языке.

* * *

Что кому дано,
Будет спрошено:
Кто отдаст зерно,
Кто —
Горошину.
Кто несёт баул,
Кто —
Котомочку;
Каждый долг вернул
Потихонечку.
Я бы отдал свой
Долг —
Сторицею,
Но стою с пустою
Страницею...

СОДЕРЖАНИЕ

Порядок слов	9
«Часы показывали два...»	10
Родная речь	11
Анна Ахматова	12
«Стихи всегда приходят ближе к ночи...»	14
Сюжет	15
«Как лист увядший падает на душу...»	16
«Сон показывают кусками...»	17
Судьба	18
На пляже	19
«Что здесь было вначале?..»	20
Катулл	21
«Земную жизнь пройдя до половины...»	22
Двенадцать лет	24
Ответное письмо к больному	25
Амазонка	26
Послание Вергилию	27
Четырнадцать строк	28
«Здравствуй, Птица!..»	29
Отречение	30
«Зима без снега...»	31
Снег	32
«Подумать только, как немного надо...»	33
«Время течёт между пальцами...»	34
Сиеста в кафе	35
Ракушка	36
«Заканчивается февраль...»	37
Март	38
Туман	39
В потёмках	40

Самолётное	41
Осенний этюд № 1	42
Сонет о добре и зле	43
Подражание Хайяму	44
Под клёнами	45
Печаль-ноябрь	46
Ворон	47
Одуванчик	48
Осенний этюд № 13	49
«Помнишь, листья неслись в потоке...»	50
«Дождик тикал виновато...»	52
Портрет	53
На выход книги	54

Из цикла **Письма к Горацию**

Междуречье	56
NOTA BENE	58
Полночное	59
Письмо во время дождя	60
Plusquamperfectum	62
Ночное письмо	64
Письмо о Городе	65
«Жизнь коротка, Гораций...»	68
«Опять, мой друг, одолевают ямбы...»	70
Письмо о восьмом смертном грехе	71

Из цикла **Городу**

«Время меняет лица...»	76
«Тот город был аристократ...»	78
Приметы	79
Троя	80

*Из цикла **Дому***

    Дом, который построил ты   82
    «Нет ни печки, ни даже камина...»   84
    «Пожала безразличными плечами...»   85
    В окне   86
    «Хорошо сидеть у камелька...»   87
    Ночь   88
    «Целый век прожила не свой...»   89
    «Хорошо, что полутемно...»   90
    «Читатель скажет, что мой стих...»   91
    Воробей   92

*Из цикла **Когда уходит Человек***

    «Время слова уносит...»   94
    Отмирание   95
    Ночное купе   96
    «Такое стойкое отчаянье...»   98
    «День прозрачный, словно призрак...»   99
    «Почему ты в тетрадке...»   100
    «Когда я буду далеко...»   101
    «Стучит молоточек по темечку...»   102
    «Когда уходит человек...»   103
    «Сантименты не в моде...»   104
    «Что кому дано...»   105